#Antisemitismus für Anfänger

#Antisemitismus für Anfänger

Eine Anthologie

Herausgegeben von Myriam Halberstam

Ariella Verlag

Wir bedanken uns bei der Irène Bollag-Herzheimer-Stiftung Basel für die Druckkostenförderung.

3. Auflage 2021

© Ariella Verlag, Myriam Halberstam, 2020

Lektorat: Claudia Wutke
Korrektorat: Carola Köhler
Cover Design: Thomas Gilke
Cover-Cartoon: Katharina Greve
Layout: fototypo.de
Druck und Bindung: Imak Ofset, Türkei

ISBN: 978-3-945530-29-0

www.ariella-verlag.de

Wer hört schon auf Propheten?

Na prima. Die einen bekämpfen den Antisemitismus, ernsthaft. Die anderen leugnen ihn, wie bequem. Wieder andere reduzieren ihn auf einen Streitfall, als ob es da Pro und Kontra abzuwägen gäbe. Und hier und heute versuchen wir es mit Humor, der Waffe der angeblich Wehrlosen.

Wenn es nicht mehr möglich ist, Antisemitismus, genauer gesagt den Hass auf Juden, aus der Welt zu schaffen, wie kann man ihm beikommen? Mit Abschreckung (durch Gesetz, Recht und Ordnung), mit Aufklärung (Wissen führt leider nicht automatisch zu Weisheit), mit Ironie? Charlie Chaplin hat es versucht, mit seinem Spielfilm *Der große Diktator*, zu dem die Dreharbeiten am 9. September 1939 begannen – acht Tage nach dem Einmarsch deutscher Truppen in Polen. Nach dem Ende des Zweiten Weltkriegs bekannte Chaplin: »Hätte ich etwas von den Schrecken in den deutschen Konzentrationslagern gewusst, ich hätte den *Großen Diktator* nicht zustande bringen, hätte mich über den mörderischen Wahnsinn der Nazis nicht lustig machen können.« Dann aber wäre der Filmgeschichte eine der eindringlichsten Szenen über Größenwahn entgangen, nämlich die, in der Diktator Hynkel alias Charlie Chaplin nach einer selbstvergessenen Tanzeinlage von einem Riesenglobus nur ein geplatzter Luftballon bleibt. Lächerlichkeit, die mit Gefährlichkeit einhergehen kann, zu zeigen, für relativierbare Grundwerte einzustehen, darin sehen Freigeister der sprichwörtlich spitzen Feder ihre Aufgabe. Das können Satiriker in Text und Auftritt sein, aber auch Cartoonisten in Bild und Pointe. Sie sehen Dinge voraus, kommentieren klar, wo die meisten von uns höchstens ein vages Unbehagen spüren. Wenn sie gut sind, dann erkennt man in ihnen Propheten ihrer – und hier unserer – Zeit. Wie Kurt Tucholsky einer war, der 1931 in der *Weltbühne* schrieb: »Antisemitismus … Herrschaften, warum engagiert ihr nicht mich! Für 67,50 Mark monatlich und freie Pension mit zweimaligem sonntäglichen Ausgang liefere ich euch über die Juden ein Material, das wenigstens echt ist – ihr kennt sie nicht einmal.«

Ellen Presser

Wieviel Prozent Antisemitismus halten Sie aktuell für vertretbar?

In Schweden wird es im Oktober eine Konferenz zum Thema Antisemitismus geben. »Für« oder »gegen«?

Donnerwetter, wo nimmst du bloß deine Ideen her?

ANTISEMITISMUS

Brötchen backen kann nicht jeder,
Brötchen holen auch nicht.
Mancher Kopf ist eine Feder
Im Vergleich zum Bauch, nicht?

Und wenn der nicht auf dem Damm ist –
Ach, du liebe Kinder!
Wenn die Birne erst ein Schwamm ist,
Leiden nicht nur Rinder.

Sturmdurchpflügte Oberstübchen:
Klug wie Keks, nur blöder.
Großer Trost für kleinste Bübchen:
Judenhass kann jeder.

Ich greife Juden nicht an, weil ich ein Antisemit bin …
Ich greife Juden an, damit ich fit bleibe.

Abrakadabra, du bist beschnitten!

Eine einzige Enttäuschung

Es wird so viel über die Juden erzählt, kein Volk der Welt kann einer solchen Menge von Mythen und Legenden standhalten. Darum ist fast jede Begegnung der Antisemiten mit den Juden eine Enttäuschung. Keine Kekse mit dem Blut der christlichen Jugend, keine Weltregierung, keine schlauen Bereicherungsmethoden haben sie zu bieten. Vom besonderen Aussehen ganz zu schweigen.

Meine Mutter musste 1941 ihre Heimatstadt Moskau zusammen mit ihrer Mutter verlassen. Die Deutschen standen schon kurz vor der Stadt, die Moskauer wussten, dass die Deutschen alle Juden umbringen würden, sie wurden deswegen evakuiert. Mein Großvater kämpfte zu der Zeit an der Front, seine Familie wurde in einen Zug gesetzt und nach Mittelasien gefahren. Dort, in Samarkand, stiegen sie aus und sollten sich in einer Barackensiedlung in der Nähe der Stadt anmelden. Dies hatte sich herumgesprochen, und so stellten sich viele neugierige Usbeken an der Meldestelle ein, um die Juden aus Moskau zu begaffen. Sie baten meine Mutter, die damals noch ein Kind war, ihre Mütze abzunehmen, denn ihnen war erzählt worden, den Juden wüchsen kleine Hörner aus der Stirn und manche hätten sogar Hufe. Die fremden Ankömmlinge waren jedoch die reinste Enttäuschung: Sie hatten keine Hörner und unterschieden sich auch sonst kaum von den Usbeken!

Im Jahre 1983, also mit 16 Jahren, bekam ich meinen sowjetischen Pass. Unsere Schulleiterin bestand darauf, alle Schüler sollten ihre Pässe zum patriotischen Unterricht, der sogenannten »Heimatstunde« mitbringen. In meinem Pass stand gleich auf dem ersten Blatt – unter dem Namen und Vornamen – Nationalität: Jude. Judentum galt nämlich in unserem atheistischen Vaterland nicht als Religion, sondern als Nationalität. Diese Bezeichnung im Pass hat meine Schulkameraden unglaublich aufgeregt. Sie rissen mir das Dokument aus der Hand und sagten, sie gäben mir den Pass nur unter der Bedingung zurück, dass ich ihnen meinen abgeschnittenen Penis zeige. Denn sie hatten gehört, die echten Juden schneiden ihren Söhnen etwas von deren »bestem Stück« ab. Weder davor noch danach habe ich so viel Interesse der Außenwelt an meinem Penis zu spüren bekommen. Einerseits war es mir peinlich, doch andererseits genoss ich den Ruhm der Stunde. Die ganze Klasse, alle gingen wir zusammen aufs Klo.

Mein Penis war dann aber doch für die Schulkameraden eine einzige Enttäuschung.

Nehmen Sie ihn zurück, er ist beschnitten!

Beschneidungskammer

Alles lief gut mit Tom*, bis er mir eröffnete, aus uns würde nichts werden: »Ich möchte nicht beschnitten werden.« Beschneiden? What? Was hat der denn für Bilder im Kopf? Nur weil ich Jüdin bin, will ich doch nicht an ihm rumschnippeln! Ich beschneide Menschen grundsätzlich nicht, auch nicht genital. Und mir ist herzlich egal, was Menschen mit ihren Genitalien vorhaben.

Aber Tom dachte, er hätte diese Jüdin durchschaut und irgendwann wäre er »dran« – ohne Beschneidung kein Sex. Vielleicht, überlege ich, denkt er sich: Jeder jüdische Mensch hat innerhalb der eigenen vier Wände eine kleine Kammer, in der er oder sie Beschneidungen vornimmt. Diese Räumlichkeiten, manchmal klein wie Schränke mit ausklappbarem Mobiliar oder auch ganze Zimmer, sind sehr durchdacht. In meiner ersten, winzigen Wohnung sah der Beschneidungsraum wie eine alte Speisekammer aus – war sie sogar mal. Herr Meyer, Vertreter für Beschneidungsbedarf, half mir, genügend Raum zu finden und ihn auszustatten. Ich mag diese Spezialisten, sie sind auf dem Laufenden mit den neuesten Entwicklungen und man spart sich die eigene Recherche. Man kann zudem bequem per Beschneidungskatalog bestellen. Wählt man das Komplettpaket, gibt es Rabatt, oder die alten Möbel werden günstig an die neuen Gegebenheiten angepasst.

Je nach Bedarf ist außerdem ein Abo für Messer, Desinfektionsmittel und Verbandsmaterial im Angebot. Gut Betuchte können sich statt Einmalskalpelle einen Laser leisten – leider nicht in meinem Budget. Der Fantasie sind in der Einrichtung keine Grenzen gesetzt: Wandfarbe passend zu den Instrumenten, Duft, Musik, was auch immer. Das Ereignis soll schließlich in guter Erinnerung bleiben. Ein paar hygienische Grundregeln allerdings, nicht nur während des Eingriffs, müssen unbedingt beachtet werden: Denken Sie nur an die Vorhautentsorgung! Verbuddeln im Garten war gestern. Heute wird das zuverlässig durch spezialisierte Vorhautentsorgungsunternehmen erledigt.

Während meine Fantasie mit mir durchgeht, ist Tom schon aufgestanden und gegangen. Ich kann ihm nicht mehr davon erzählen. Allerdings hätte ihn das vielleicht noch mehr beunruhigt, denn wer weiß schon, was sich da hinter dieser kleinen Tür im Flur verbirgt?

* Sie glauben doch nicht ernsthaft, dass ich Namen nennen würde.

Pausenhof der jüdischen Schule

Fritz und Franz erklären die Welt

Fritz: Die Juden sind an allem schuld auf der Welt.

Franz: Ja, das sind sie, ich gebe dir recht. Das habe ich schon immer gewusst, aber wieso sagst du mir das jetzt?

Fritz: Weil ich gerade gelesen habe, dass in der jüdischen Bibel steht, Gott habe die Welt erschaffen. Dieser jüdische Gott, verstehst du? Derjenige, den die Juden für sich beanspruchen. Wenn dieser jüdische Gott die Welt nicht erschaffen hätte, hätten wir nicht dieses ganze Durcheinander.

Franz: Ah ja, ich verstehe. Selbstverständlich. Das ist ein sehr guter Hinweis.

Fritz: Diese Welt, sie war von Anfang an ein jüdisches Projekt, verstehst du? Kein Wunder, dass wir keine Chance haben, wo sie doch alles kontrollieren. Sie behaupten ja sogar, dass sie dafür auserwählt wurden.

Franz: Und der Himmel?

Fritz: Was soll mit dem sein? Auch so ein jüdisches Konzept. Nie im Leben würde ich da hinwollen, nur über meine Leiche würde ich da mitmachen.

Franz: Um Himmels willen! Eine grauenhafte Vorstellung. Für gute, anständig denkende Menschen wie uns wäre ein jüdischer Himmel die absolute Hölle.

Fritz: Dann bleiben wir doch lieber am Leben, oder?

Franz: Du hast absolut recht!

Die Schuld haben wir bereits den Juden gegeben.

Immer noch an allem schuld

Melodie: Habanera *aus der Oper* Carmen *von George Bizet / Frei nach dem Liedtext von Friedrich Hollaender aus dem Jahr 1931. Holländer lebte in Berlin und arbeitete als Komponist. 1933 musste er Berlin verlassen, weil er Jude war, und ging nach Hollywood.*

Ob ein Virus sich verbreitet,
oder ob die Nase läuft,
ob das Hilfspaket jetzt scheitert,
oder ob sich Husten häuft,
ob das Klima sich verändert,
ob der Meeresspiegel steigt,
ob der Urlaub sich verlängert,
ob die Lohnfortzahlung greift!

An allem sind die Juden schuld!
Die Juden sind an allem schuld,
Wieso, warum sind sie dran schuld?
Kind, das verstehst du nicht, sie sind halt schuld,
und sie mich auch, sie sind dran schuld.
Die Juden sind, sie sind dran schuld,
und glaubst du's nicht, sind sie dran schuld.
An allem, allem sind die Juden schuld!

Ob die U-Bahn stets verstopft ist,
ob der Mietendeckel sitzt,
ob das Amt auch mal bekloppt ist,
ob man dich mit 80 blitzt,
ob das Curry ohne Wurst ist,
ob die Pommes rot statt weiß,
ob der Späti manchmal früh schließt,
ob die Suppe ist zu heiß.

An allem sind die Juden schuld …

Ob es Krieg gibt oder Frieden,
ob dich Tinder ignoriert,
ob bei Insta unzufrieden,
ob die Freundin dich blockiert,
ob dein Konto mal gesperrt ist,
ob die Miete sich erhöht,
ob das Passwort mal verkehrt ist,
ob das WLAN nicht mehr geht.

An allem sind die Juden schuld …

"What are you in for?"

Und warum sitzen Sie ein?

Die antisemitische Außenhandelsbilanz: Brauner Silberstreif am Horizont

Aufgrund der Coronakrise verzeichnet die gesamtwirtschaftliche Leistung des antisemitischen Sektors seit März 2020 einen massiven Einbruch. Laut dem Expertenrat des Wirtschaftsinstituts AfD (Alles für Deutschland) steckt der deutsche Antisemitismus, nach einem starken Einstieg in das laufende Jahr, in einer Rezession fest. Die Ausfuhr antisemitischer Waren und Dienstleistungen sank saisonbereinigt dramatisch ab. Dennoch zeichnet sich bereits eine positive Trendwende für das kommende Quartal ab.

Die einheimische Produktion von Hakenkreuzfahnen, Tarnuniformen und Bengalos musste coronabedingt deutlich zurückgefahren werden, die Produzenten bleiben pessimistisch gestimmt. Die Ausfuhr von Israel-Fahnen in den Iran kam im ersten Quartal fast zum Stillstand. Aufgrund des Lieferengpasses zeigt sich die iranische Führung besorgt. Prognosen zufolge wird das iranische Volk beim alljährlichen Marsch zur Befreiung Jerusalems nicht wie gewohnt auf israelischen Fahnen herumtrampeln können. Selbst in Berlin, Bonn und Bottrop wird das Verbrennen israelischer Fahnen notgedrungen entfallen müssen.

Die Consultingwirtschaft hingegen konnte ihre Einstellungsoffensive gar ausbauen. Sie sieht sich gut gerüstet, den schnell expandierenden internationalen Bedarf nach antisemitischem Gedankengut nachhaltig zu befriedigen. Jede zweite ins Ausland exportierte Weltverschwörungstheorie kommt inzwischen aus den Kreativstandorten Berlin und Sachsen-Anhalt. Kritiker warnen vor Engpässen bei der einheimischen Versorgung mit braunen Verschwörungstheorien.

Ebenso erfreulich ist die Nachfrage nach deutschem Schrifttum. Die Ausfuhr rechtsextremistischer Schulbücher, in denen Israel nicht vorkommt und die Schoah geleugnet wird, zeigt eine stetige Wachstumskurve. An der Al-Quatsch-Universität in Jerusalem wurde trotz Coronakrise ein Lehrstuhl inauguriert, an dem der Heldentod im Deutschen Reich im Vergleich zum Märtyrertod im besetzten Palästina wissenschaftlich untersucht werden soll.

Besonders stark konnte im zweiten Quartal der Onlinemarkt zulegen. Der Höhenflug beim Download von Videos mit dem Gütesiegel »German NS-Porn« setzt sich ungebremst fort. Sorgen bereiten die Absagen von Konzerten und Festivals, die zu einem dramatischen Umsatzeinbruch geführt haben. Demgegenüber boomt der Online-Musikmarkt. Die Zahl der Downloads von Nazi-Rap, braunem Hard- und Bio-Krautrock erreicht seit dem Ausbruch der Pandemie Rekordwerte. Die deutschnationale Musik findet besonders in der europäischen Rechten viel Anklang und trägt wesentlich dazu bei, Deutschland als Kulturland zu vermarkten.

Unter der Annahme, dass nach der Coronakrise die zuletzt gestiegenen protektionistischen Handelsbarrieren abgebaut werden, ist davon auszugehen, dass der deutsche Antisemitismus schon im dritten Quartal zu seinem dynamischen Potenzialpfad zurückfinden wird.

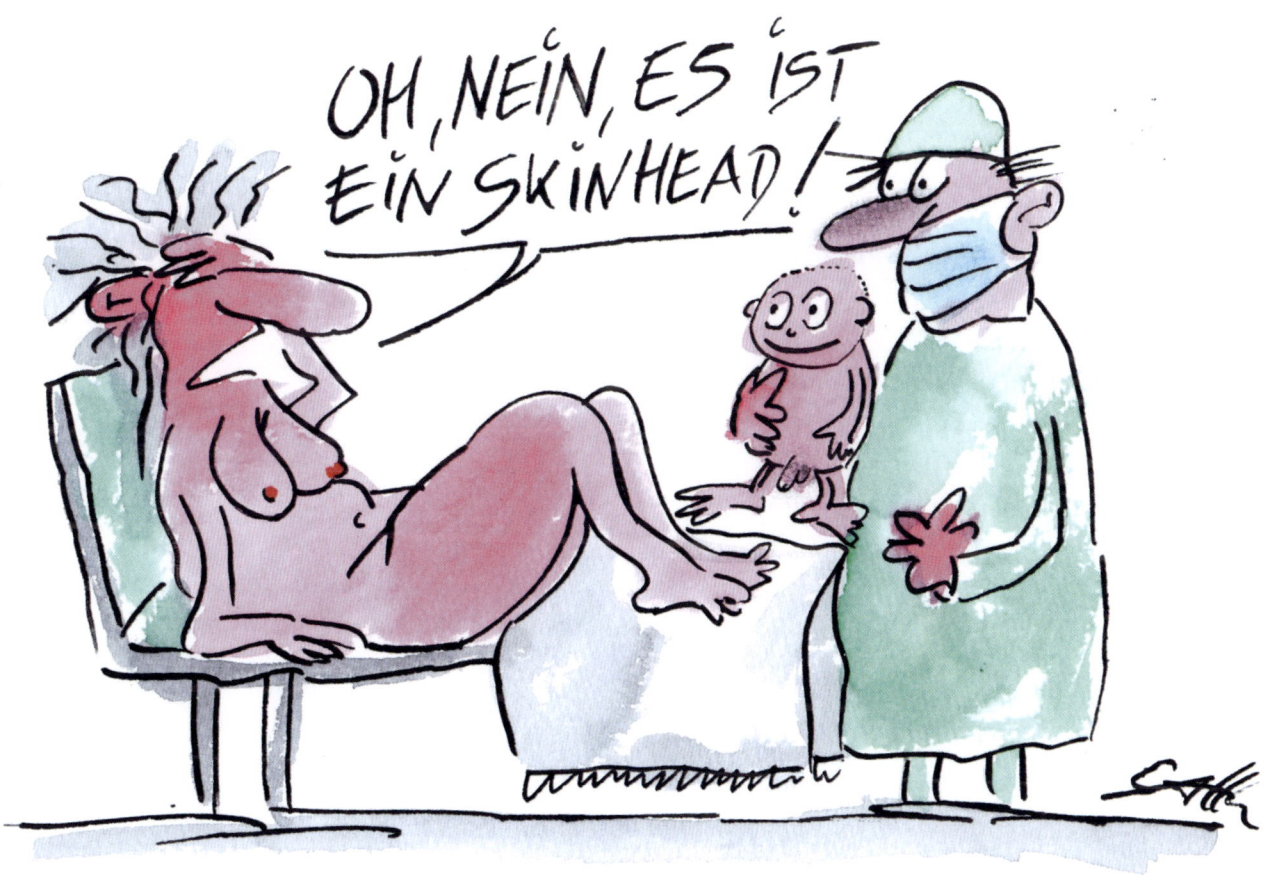

Wie sollen wir bei der Integration von muslimischen Flüchtlingen weiterkommen, wenn wir ihnen in der Antihaltung zu Israel nicht ein stückweit entgegenkommen?
m

Israel hat alle Kriege gewonnen.
Das unterscheidet sie natürlich
von den Nazis.

Gürtelliniengespräche

Im nächsten Leben werde ich Chinese. Die haben zwar ähnlichen Zorres wie wir: Sie gelten als intelligent, mächtig und reich und damit als durchtrieben, unberechenbar und mit Weltherrschaftsambitionen – aber über ihr Sexleben gibt es wenigstens keinerlei Gerüchte.

Ganz anders bei uns. Wir sind ja ungeheuer triebgesteuerte, lustvoll ausschweifende Wesen. Quasi sowas wie Chinesen – aber dann auch noch mit Genitalien. Was für eine Mischpoke!

Nun sind Themen unter der Gürtellinie sehr beliebt, insbesondere wenn man sie mit so erotisch-exotischen Geschöpfen wie den Juden verbinden kann. Das hat man ja nicht alle Tage. Dachte sich wohl kürzlich auch eine Frau mit einem bunten Papageienohrring auf einer Party. Kaum hatte sie nämlich mitbekommen, dass ich jüdisch bin, stand sie bei mir. Nachdem sie mir direkt versichert hatte, wie leid ihr die Nummer mit dem Holocaust täte und wie schlimm Israel doch sei, dachte ich fälschlicherweise, ich sei für den Abend erstmal erlöst. Sie hatte aber, wie sich herausstellte, leider noch mehr »jüdischen« Gesprächsbedarf. Kaum waren wir allein, druckste sie ihre Frage hervor: Ob es denn stimme, was man sich so über Juden und Sex erzähle.

Vor allem über die jüdischen Männer. Ob die denn wirklich so viel häufiger wollten und so viel länger könnten … Dabei schaukelte der Papageienohrring wild, beinahe, als wäre der Vogel an der Kotel zum Schockeln, zumindest waren die Bewegungen denen der Betenden an der Klagemauer täuschend ähnlich.

Ich erklärte ihr knapp, dass ich mit einem Nichtjuden verheiratet sei.

Aber das nutzte nix. Sie war absolut zaunpfahlresistent.

Sie insistierte deshalb weiter: »Ja, aber du musst das doch wissen, so als Jüdin. Du hast doch bestimmt auch schon mal …« Und da unterbreche ich sie: »Ja«, sage ich, »ich hab schon mal …«, mache eine bedeutungsschwangere Pause und schaue ihr tief in die Augen.

Sie nickt begierig. Dem Papagei ist inzwischen bestimmt speiübel … Und dann fahre ich raunend fort: »Also – am geilsten war es bisher mit den Ostwestfalen und den Schwaben.«

Und dann warte ich zwei Sekunden, genieße die Stille, stelle mir vor, wie der Papagei laut krakeelend davonfliegt – bevor ich am Sektglas nippe und sie ganz nonchalant frage, wo ihr Mann eigentlich herkommt …

Mein Vater

Es war kurz vor meiner Einschulung. Meine Mutter hatte wohl Angst, dass ich wegen meines Nachnamens gehänselt würde. Die Engländer pflegten – und pflegen – zwar einen Antisemitismus der milderen Observanz, aber einem Kind dürfte es wenig Trost bieten, dass es nur gemobbt und nicht zusammengeschlagen wird.

So nahm mich meine Mutter beiseite und sagte in ernstem Ton: »Dein Vater ist deutscher Jude, und du solltest stolz darauf sein.« Ich starrte sie an. Sie war wohl von Sinnen. Warum sie mir solche Sachen einflüsterte, konnte ich mir zwar zusammenreimen: Meine Eltern stritten sich oft, dabei warfen sie sich auch in meiner Gegenwart allerlei Beleidigungen an den Kopf. Aber das hier ging selbst einem Sechsjährigen zu weit. Die Verleumdungen meiner Mutter waren allzu durchsichtig.

Ich meine: Deutsch! *German!* Das Wort klang für mich immer wie *germ*, englisch für Bazille. Die Deutschen waren böse, die hatten wir Engländer doch im Krieg besiegt. In den Kriegscomics, die wir alle lasen, hatten die Deutschen eine niedrige Stirn und keinen Hinterkopf und sagten dumme Sachen wie: »Achtung, pig dog Tommies!« oder »Donner und Blitzen!« Mein Vater hingegen hatte eine hohe Stirn und einen ausgeprägten Hinterkopf und sprach gewähltes Englisch. Außerdem – und das musste doch auch meine Mutter wissen – hatte er im Krieg in der britischen Armee gedient. Er hatte mir mal seine Abzeichen gezeigt. Deutsch! *Rubbish!*

Und Jude! Das war noch lächerlicher. Jeder wusste, dass Juden schmierige, geizige und geldgierige Leute waren. Hatte einer in unserer Clique eine Tüte Bonbons und wollte nichts abgeben, sagten wir: »Don't be a Jew!« Mein Vater aber war der großzügigste Mensch, den ich kannte. Er gab immer von seinen Bonbons ab. Es stimmte zwar, dass meine Mutter nie mit dem Haushaltsgeld auskam und meinem Vater deshalb Vorwürfe machte. Er verdiente wenig, wir hatten weder ein Auto noch einen Fernseher wie meine reiche Tante Eleanor. Sie war ziemlich geizig. Vielleicht war sie Jüdin? Mein Vater war aber bestimmt kein Jude.

Nun, meine Mutter hatte ihre Launen. Diese würde auch verfliegen. Ich beschloss, die Sache einfach zu ignorieren. Deutscher Jude! Lächerlich.

Die israelische Mafia drosselt Pornos auf Pulau Weh

Der letzte Zipfel Sumatras wurde so lange vom Regen gekitzelt, bis er niesen musste. Von diesem Nieser ist eine winzige Insel im Ozean geblieben. Vielleicht hatte auch ein Vulkan Sodbrennen. Es ist ja auch gar nicht unsere Sorge, wie diese Insel jetzt genau in die göttliche Welt kam. Sicher ist, dass sie Pulau Weh heißt. »Weit weg« bedeutet das im Indonesischen. In den Büschen gibt es mehr weiße Tiger als Mopeds auf den Straßen. Schmetterlinge flattern mit Flügeln so groß wie Papayas, die auf Regenbogenbäumen wachsen. Die Wälder sind sich immer grün mit der Schöpfung, das Wasser wogt juwelenblau und die Insulaner lächeln viel. Was ist es schön auf Pulau Weh! Für jeden Menschen, der weit weg ist von allem. Nun ja, fast allem.

Einer wie ich beschloss, ein wenig zu spazieren. Und bald beschloss ich, nicht mehr weiter zu spazieren, weil ich Bekanntschaft machte mit der Inseljugend. Zigaretten mit Nelken boten sie mir offenherzig an, und kühle Cola. Bald trommelten wir auf leeren Wasserkanistern, frohlockten und sangen das hohe Lied der Inselfreundschaft. So merkte keiner, dass der Tag allmählich zu Ende ging. Wobei das meinen Freunden ganz recht schien, schließlich hielten sie sich an die Gebote des Ramadans und waren inzwischen sehr hungrig. »No problem, nachts können wir essen wie Könige und Pornos schauen!« »Pornos?«, wunderte ich mich etwas weltfremd. »Na klar. Wobei das in letzter Zeit schwierig ist, weil die israelische Mafia uns das Internet verlangsamt, damit wir anstatt Pornos zu schauen mit unseren Frauen streiten!«

Nun hätte einer wie ich viele Fragen gehabt. Beispielsweise, welchen Vorteil die »israelische Mafia« daraus zieht, den lustvollen Insulanern Pulau Wehs die Erotikfilme zu vermiesen und ihnen so Kummer mit ihren Geliebten zu bescheren. Auch die technische Umsetzung schien kompliziert. Und heute denkt sich einer wie ich: Wenn überall derselbe Gott arbeitet, warum sollten sich die Menschen selbst ganz weit weg von anderen unterscheiden? Im Guten wie im Schlechten.

DSDSN – Deutschland sucht den Supernazi

Neulich saß ich beim »Programmentwicklungs-Webinar« unseres Privatsenders. Neben Dschungelcamp und triebgesteuerten Bauern sollten innovative Formate her, etwas wirklich Bombastisches. Mit kaputter Umwelt, gefährdeten Finanzen, fanatischer Religion, verweigerten Menschenrechten, territorialen Konflikten, sozialem Gegeneinander und so weiter. Etwas konsensfähiges, wo jeder dagegen war. Aber lustig sollte es natürlich sein.

Nach wenigen Sekunden hatte ich die Lösung: DSDSN, Deutschland sucht den Supernazi!

Alle sahen zu mir herüber. Ich sagte: »Wir suchen Kandidaten mit den schlimmsten und absurdesten Vorurteilen, die es über Juden gibt: Die Juden sind schuld am Kommunismus, am Kapitalismus, am Coronavirus, an der Finanzkrise und 9/11. Am Holocaust und der damit verbundenen Schuld der Deutschen. Mit dem Blut christlicher Kinder backen sie ihre Mazze. Sie haben die Atombombe erfunden und das Giftgas. Der Mossad finanziert den IS. Und nicht zu vergessen: Bill Gates ist Jude, Trump ist Jude, Bolsonaro ist Jude!« Triumphierend sah ich jeden Einzelnen an.

»Na und«, sagte Maëva vom Marketing, »nicht alle Juden sind gute Menschen.« Marc, der Programmchef, fügte hinzu: »Das Problem ist, dass an vielen deiner Beispiele was dran ist ...« Ein lautstarkes Nicken war zu vernehmen. »Also nicht,

dass ich das gutheiße, aber jedes Gerücht hat einen wahren Kern.« Luisa, die für Inhalte zuständig war, meinte: »Nehmen wir mal an, wir starten die Auswahl der Kandidat*innen mit einem Quiz: Wer von diesen Personen ist Jude? Albert Einstein, Udo Lindenberg, Thomas Mann, Willy Brandt. Verstehst du, was ich meine?« »Nö«, sagte ich wahrheitsgemäß.

»Alle vier sind Juden!«, rief sie. Ich protestierte: »So ein Quatsch. Nur Einstein ist einer.«

»Hallo?! Wer Jude ist, bestimmt ihr Juden??«, meldete sich Marc wieder. »Juden dürfen nie die Bösen sein!«

»Und was ist denn an Lindenberg, Thomas Mann oder Brandt böse?«, fragte ich zurück.

»Ist ja nur ein Beispiel«, meinte Luisa. »Ich hätte auch sagen können Gorbatschow, Lagerfeld oder Iris Berben!« »Sorry«, rief ich, »wieder Fehlanzeige!«

»Bitte«, keifte sie: »Epstein, Weinstein, Zuckerberg!« »Stimmt«, bellte ich zurück, »aber es gibt auch Nichtjuden, die ...«

»Du siehst«, sagte jetzt Marc versöhnlich, »wir kommen nicht weiter. Dein Nazi-Juden-Quiz war eine bescheuerte Idee. Aber grundsätzlich ist Antisemitismus ein Super-Thema. Total im Trend! Da müssen wir dranbleiben. Allerdings ohne jüdischen Autor. Nimm's nicht persönlich, aber du bist zu nah dran. Das Wesen des Journalismus liegt doch in seiner Neutralität.«

Nachwuchshoffnung

Die Rolle meines Lebens

Immer und immer wieder geht es um Antisemitismus. Verschwörungstheoretiker finden selbst im Coronavirus antisemitische Aspekte. Ich finde das irre! Als wäre Herr oder Frau Antisemitismus eine Person, die man nicht leiden kann, die aber immer wieder vorbeikommt, uneingeladen mit am Tisch sitzt. Klebt wie Scheiße am Schuh ...

Wie kann ich sie nur loswerden?

Vielleicht wie folgt:

Es wird wieder gedreht, aber ältere Schauspieler werden ausgeladen, zu groß das Risiko. Man kann sie nicht versichern, ihre Rollen werden an Jüngere vergeben. Das ist ungerecht, der Aufschrei groß. Wahrscheinlich ist das auch diskriminierend, die Alten aus- beziehungsweise einzusperren. Am Ende baut man noch extra Lager für über 70-Jährige ...

Jedenfalls habe ich – alt, aber offenbar noch nicht zu alt – im Zuge dessen folgendes Angebot bekommen: Ob ich mir zutrauen würde, eine 82-jährige Nazi-Frau zu spielen. Sie ist natürlich nicht mehr Mitglied in der NSDAP, der Film spielt ja heute. Sie verwaltet nur ein Gemälde, Raubgut, das Erbe ihres Vaters, eines Ex-SS-Offiziers. Schlimme Sache, böse Frau.

Wunderbar. Mein langes Schauspielerleben durfte ich nur Underdogs spielen, Verbrecher und Opfer aus Bosnien, Mazedonien, der Türkei. Wahrscheinlich weil ich irgendwie so aussehe, wie man sich hierzulande Verbrecher und Opfer vorstellt, gern osteuropäisch. Ich habe mich und andere in die Luft gesprengt nach 9/11. Das war nicht uninteressant, mal in die Rolle einer IS-Terroristin zu schlüpfen. Ganz neue Weltsicht.

Und ich habe im Vorabendprogramm in meiner bestickten Bluse für alle Stars in Deutschland putzen dürfen. Jeder durfte Hitler spielen, ich nie. Nicht mal Eva Braun. Nie durfte ich im Film eine Deutsche sein – obwohl ich seit 1967 den deutschen Pass habe. Und jetzt, wo ich gerade 60 geworden bin, ist es endlich so weit. Corona macht's möglich.

75 Jahre nach Kriegsende bin ich in Deutschland angekommen: Ich darf alte Nazis darstellen, und das werde ich mit Inbrunst tun.

Ich habe meine 100-jährige Tante angerufen und gejubelt: »Tante, ich darf endlich einen Nazi spielen!«

»Und da freust du dich?«, hat sie geantwortet. »Du bist meschugge.«

P.S.: Der Regisseur ist übrigens Israeli, wen wundert's?

Der Antisemitismus Beauftragte der Bundesregierung
warnt Juden davor, die Kippa in muslimischen Vierteln zu tragen.

Junge, NATÜRLICH können wir in der Öffentlichkeit gefahrlos Kippa tragen…
… und zwar im Rahmen von Solidaritätsdemos unter Polizeischutz.
HS 18

Gut, es ist eine Attrappe. Aber sagen
Sie nicht, dass wir gegen Antisemitismus
nichts unternehmen.

WIE WIRD MAN JUDENHASSER*IN?

Vielleicht noch alles gut bei der Geburt
Vielleicht zu oft vom Wickeltisch gefallen
Vielleicht ein schwerer Unfall ohne Gurt
Vielleicht das dümmste Elternhaus von allen

Vielleicht als Säugling zu viel Crack geraucht
Vielleicht im Hirn ein Pfropfen, und das war's dann
Vielleicht von einem Alien angehaucht
Vielleicht vernarrt in Blödheit: einfach Spaß dran

Vielleicht geschah es auch in einem Zoo
Vielleicht schlichtweg zu doof herumgehampelt
Vielleicht vor Elefanten oder so
Vielleicht den Kopf zwei Tage lang zertrampelt

Vielleicht von einem Panzer platt planiert
Vielleicht von einem echten Blitz getroffen
Vielleicht von falschen Ärzten operiert
Vielleicht den Eimer Klarlack ausgesoffen

Vielleicht all das und mehr und aus die Maus
Vielleicht noch Jahre luftlos unter Wasser
Vielleicht sieht man danach echt scheiße aus
Ja, so vielleicht. So wird man Judenhasser*

(lies: Judenhasser*in)

Können wir sie dann noch hassen?

"THE NEO NAZIS ARE GETTING UP IN YEARS."

Die Neonazis werden auch immer älter.

»Wär is mei Koffi?«*

Am 20.04.1992, rein zufällig der Geburtstag von A. H., betritt ein deutscher Gast gegen 8:45 Uhr den Frühstücksraum des Sheraton Hotels in Tel Aviv. Er wird von der Hostess zu seinem Tisch begleitet, sie zeigt ihm das Buffet und verspricht, ihm umgehend Kaffee zu bringen.

Nach zehn kaffeelosen Minuten hält der Gast einen Kellner an und wiederholt seine Bitte, ihm doch endlich das versprochene Getränk zu bringen, schwarz, ohne Zucker. Leider ist auch dieser nette Kollege anderweitig sehr beschäftigt und rauscht davon, allerdings nicht in Richtung Kaffeemaschine.

Ich war damals Food & Beverage Manager in diesem Hotel. Um 9:00 Uhr trinke ich – wie jeden Montagmorgen – mit Gideon, dem Restaurantchef, Kaffee in gemütlicher Runde in meinem Büro.

Plötzlich klingelt das Telefon und eine sehr nervöse Kellnerin fragt mich, ob Gideon bei mir sei. Der Frühstücksraum sei total überfüllt und sie bräuchten dringend Hilfe. Die Gäste würden schon unruhig. Einer ganz besonders … Wie jedes Jahr war das Hotel zur Pessach-Zeit besonders voll.

Gideon und ich machen uns also sofort auf den Weg.

Kurz nach 9:00 Uhr betreten wir den Frühstücksraum und sehen von weitem einen gut gekleideten Hotelgast, der ziemlich heftig mit seinen Händen in unsere Richtung winkt.

Wir gehen auf ihn zu, und Gideon fragt ganz höflich: »May I help you, Sir?«

Mit knallrotem Kopf schlägt der Gast mit seiner Faust auf den Tisch und schreit mit sehr starkem deutschem Akzent: »Wär is mei Koffi?«

Gideon schaut ihn zunächst etwas verwundert an, schlägt dann aber plötzlich noch heftiger auf den Tisch und fragt noch lauter: »Wär is mei grändmaser??«

Als Gideon sieht, dass der Gast kreidebleich wird, legt er seine Hand auf dessen Schulter und entschuldigt sich: »Sorry, Sir, I was just kidding, I will bring your coffee immediately …!«

*Wo ist mein Kaffee?

"BUT HIS GREAT GREAT GRANDMOTHER WAS JEWISH."

S. GROSS

Aber seine Ur-Urgroßmutter war jüdisch.

Nazialltag in Meck Pomm

Neues Klima

MAN DARF NICHT ALLES GLAUBEN. DIE GANZEN VERSCHWÖRUNGSTHEORIEN...
...WERDEN DOCH ZENTRAL GESTEUERT!

Die Plattensee-Verschwörung

Es war, glaube ich, Maxim Biller, der einmal festgestellt hat, dass es kaum etwas Langweiligeres als Antisemitismus gibt. In der Tat: Die judenfeindlichen Schauermärchen sind seit Jahrhunderten ermüdend repetitiv. Vom Kindermord über das Geld der Rothschilds bis zu geheimen Weltherrschaftsplänen – den Judenhassern fehlt es sichtlich an Kreativität. Es gibt nichts Neues unter ihrer schwarzen Sonne. Enttäuschend ist vor allem, dass gerade den Deutschen, die doch in praktischem Antisemitismus historisch unübertroffen sind, auf theoretischer Ebene so wenig Originelles einfällt – vielleicht mangels Übung in den vergangenen Jahrzehnten.

Dafür schlägt der Blitz der Inspiration gelegentlich bei anderen Völkern ein. Meine derzeit liebste Verschwörungstheorie kursiert in Ungarn, einem Land mit stolzer eigener antisemitischer Tradition. Dort hält sich seit Jahren hartnäckig das Gerücht, die Flugzeuge der israelischen Airline EL AL drehten vor der Landung auf dem Budapester Flughafen noch eine Extrarunde über Ungarn, um mit Hochpräzisionskameras topografische Aufnahmen des Landes der Magyaren zu machen. Nach Rückkehr der Maschinen auf den Tel Aviver Flughafen Ben Gurion würden diese Fotos dem Mossad übergeben. Der arbeite nämlich an einem geheimen Projekt. Wenn in absehbarer Zeit der gerechte Kampf der Palästinenser um ihr angestammtes Heimatland triumphieren werde, wolle man die Israelis – und langfristig alle Juden der Erde – in Ungarn ansiedeln. Das beste Acker- und Weideland sei bereits unter den Kibbuzim aufgeteilt worden.

So hat es eine ungarische Freundin bei einem Familientreffen gehört. Auf ihre etwas unpatriotische Frage, wieso die Juden ausgerechnet Ungarn übernehmen wollten, wo es doch wesentlich attraktivere Länder auf der Erde gebe, kam die Antwort: »Wegen dem Balaton!« Nach Jahrzehnten im dehydrierten Nahen Osten hätten die Zionisten eine unstillbare Gier nach Wasser. Und wo gebe es besseres Wasser als im Plattensee.

Jetzt warte ich gespannt auf den nächsten Gottesdienst an Jom Kippur in meiner Synagoge. Wenn der nach dem Klang des Widderhorns mit den Worten »Nächstes Jahr in Balatonfüred!«*, enden sollte hätten die Antisemiten bei mir etwas gut. Jedenfalls die ungarischen.

---

*Der Versöhnungstag der Juden wird durch das Blasen des Widderhorns und die Worte »Nächstes Jahr in Jerusalem« beendet.

(Makkabi ist ein deutsch-jüdischer Sportverein und Teil der weltweiten Sportbewegung Maccabi.)

Vielleicht wird auch ein bißchen gegen Juden gehetzt. Aber ich denke, nur am Rande...
Polizei
POLIZEI
m

Leider konnten wir nicht alle zugesandten Beiträge abdrucken ...

Das war also #Antisemitismus für Anfänger.

Antisemitismus?? Da lachen wir drüber!! Wenn jemand vor der Lektüre dieses Buches Zweifel hatte und zaghaft und womöglich hinter vorgehaltener Hand den oder die Nachbarin fragte: Dürfen die das denn überhaupt? Dann antworten wir mit diesem Buch, einstimmig und aus voller Kehle heraus: Ja, die Juden dürfen das!! – Und die Nichtjuden auch!

Wie in allen Lebenslagen ist es, wie man so schön auf Französisch sagt: »le ton qui fait la musique«, also der Ton, der die Musik macht – und auch beim Lachen über den Antisemitismus ist dies eine unbestreitbare Tatsache. Man kann vieles sagen, kommt es doch immer auf die dahinterstehende Absicht und Färbung an. Das macht den großen Unterschied im öffentlichen Diskurs aus, in dem einige sich selbst gern als Opfer der Political Correctness sehen und immerfort Angst haben, dem Vorwurf des Antisemitismus ausgesetzt zu werden – oder ist es vielleicht eher die Angst, den eigenen, latenten Antisemitismus zur Schau zu stellen?

Und so habe ich hier Mitstreiter*innen gesucht – und gefunden, die sich in diesen düsteren Zeiten mit unserem Thema auf ungewöhnliche und überraschende, aber vor allem auf humorvolle Weise auseinandergesetzt haben. Sie schaffen den Spagat, sich über den Antisemitismus und die damit einhergehende Abwertung, Ausgrenzung und Bedrohung der Juden lächerlich zu machen – und zeigen damit den Antisemiten erfolgreich den sprichwörtlichen Mittelfinger!

In den ausgewählten Cartoons und Texten haben wir die unterschiedlichsten Reaktionen und Lebensbereiche gezeigt, in denen sich Antisemitismus beobachten lässt. Wir haben Themenbereiche geschaffen und diese dann assoziativ wieder gebrochen. Ich möchte betonen, dass diese Anthologie lediglich eine Momentaufnahme des heutigen Zustands (des Antisemitismus in) unserer Gesellschaft widerspiegelt. Viele Menschen wissen bei dem Thema oft gar nicht, wovon genau die Rede ist, da die gesellschaftlichen Diskurse ein gewisses Bildungsniveau voraussetzen, das leider einem relativ kleinen Kreis vorbehalten bleibt. Möglicherweise bringen uns diese Versuche der humoristischen Annäherung an den Antisemitismus der vollständigen Bedeutung des Wortes auf die Spur.

An dieser Stelle möchte ich Sie ganz herzlich beglückwünschen – Sie sind jetzt in den Kreis der Fortgeschrittenen aufgenommen! Allerdings vergeben wir – im Gegensatz zu allen landläufigen Fortbildungsmaßnahmen – kein Zertifikat des »Antisemitismuserkenners«, was den einen oder anderen unserer Landsleute, die ja bekanntermaßen die Titel lieben, durchaus betrüben mag. Wir hoffen aber, Sie hatten nicht zuletzt viel Spaß beim Durchblättern und Lesen dieser Anthologie, zu der die unterschiedlichsten Menschen beigetragen haben – eines haben Sie alle gemeinsam: Humor.

Myriam Halberstam

Beschwerdeformular

Gerne können Sie uns Ihre fundierte Kritik am Weltjudentum zusenden.
Schreiben Sie Ihre Kritik in das hierfür vorgesehene, untenstehende Kästchen.

Benutzen Sie hierzu bitte **NUR** dieses Formular, andere Zuschriften können von
uns leider aus organisatorischen Gründen nicht bearbeitet werden.
Bitte schreiben Sie leserlich!

Kritik

Name_____

Anschrift_____

Danke.

Thank you.

Toda.

Zuallererst möchte ich Til Mette danken, dessen Cartoons die Idee zu diesem Buch anstießen und der immer ein offenes Ohr hatte – selbst wenn ich ihn direkt vor einer Deadline kontaktierte. Danken möchte ich auch dem großen Sam Gross, der 86-jährig und trotz Corona-Krise in New York sofort mit an Bord war und den Weg in sein Studio nicht scheute, um mir seine Cartoons zuzusenden. Wertvolles Feedback gaben mir Michael Wuliger sowie Adina Stern, Judith Brüll-Assan und Carola Köhler.

Manchmal können Witze auch ganz schön nervig werden … Darum möchte ich mich von ganzem Herzen bei meiner Familie und insbesondere bei meiner Mutter Rachel Inge Halberstam bedanken, dass sie dieses Buch von Anbeginn an bis zur Fertigstellung begleitet haben und mir unterstützend zur Seite standen.

Myriam Halberstam, im August 2020

Biografien

Adriana Altaras, Schauspielerin, Regisseurin, Autorin, erhielt zahlreiche Auszeichnungen, u. a. den Bundesfilmpreis, den Theater-preis des Landes Nordrhein-Westfalen und den Silbernen Bären für schauspielerische Leistungen. 2012 erschien ihr Bestseller *Titos Brille*. Weitere Bücher folgten. Sie lebt mit ihrer Familie in Berlin.

Ramona Ambs, geb. 1974 in Freiburg, studierte Pädagogik, Germanistik, Philosophie und Psychologie in Heidelberg. Seit 2003 arbeitet sie als freie Autorin. Neben Erzählungen und Romanen (*Die radioaktive Marmelade meiner Großmutter* 2013; *Mrozek* 2015; *Beinah eine Blume* 2019) schrieb sie u. a. für das jüdische Onlineportal *Hagalil*, das Satiremagazin *Prinzessinnenreporter* und die *Jüdische Allgemeine*. Seit 2019 arbeitet sie als Poesietherapeutin in eigener Praxis in Heidelberg.

Michel Bergmann, geb. in Basel. Kindheit in Paris. Jugend in Frankfurt am Main, lebt in Berlin. Ausbildung bei der *Frankfurter Rundschau*. Journalist, Regisseur, Produzent. Seit 1990 auch Drehbuchautor. TV-Serien, Spielfilme, Dokumentarfilme als Regisseur und Produzent in den USA, Frankreich, Afrika. Zahlreiche Filmpreise, Beiträge in diversen Zeitungen, Zeitschriften, Anthologien. Romane: *Die Ärztin, Die Teilacher, Machloikes, Herr Klee und Herr Feld, Alles was war, Weinhebers Koffer*.

BURKH (Burkhard Fritsche), 1952 in der Eulenspiegelstadt Mölln geboren, lebt in Köln. Seit 1980 freier Cartoonist, Veröffent-lichungen in *pardon, konkret, Titanic, Kowalski, Eulenspiegel, Nebelspalter, taz, Die Zeit, Welt am Sonntag, Süddeutsche Zeitung, KICKER Sportmagazin, Spiegel online, Charlie Hebdo* (deutsche Ausgabe). Zeichnete mehr als 20 Cartoonbücher. Zahlreiche Preise im In-und Ausland, u. a. der Deutsche Karikaturenpreis 2008, der deutsche Cartoonisten-Oscar. Mehr unter www.burkh.com.

Rainer Demattio wurde am 24.12.1976 in Friedrichshafen geboren. Er studierte in Freiburg und Stuttgart Kunst, Geschichte und Theologie. Seit einigen Jahren stellt er sein künstlerisches Schaffen ganz in den Dienst der komischen Kunst. Seine Arbeiten wurden und werden (auch unter seinem Pseudonym Rainer Unsinn) national und international ausgestellt und regelmäßig in diversen Printmedien veröffentlicht. Mehr unter www.rainer-demattio.de.

Tim Oliver Feicke, geb. 1970, lebt und zeichnet in Hamburg. Cartoonveröffentlichungen in bisher fünf eigenen Büchern sowie zahlreichen Anthologien, im *Eulenspiegel, Nebelspalter,* div. Tageszeitungen und juristischen Fachzeitschriften. Mehr unter www.feickecartoons.de.

Ben Gershon ist ein Comic-Künstler aus den Niederlanden. Sein koscherer Comic-Strip *Jewy Louis* erscheint jede Woche in der *Jüdische Allgemeine* und dem *Tachles Wochenmagazin.* Sein Buch *Jewy Louis, Schalömchen – Witzige koschere Comics* erschien 2018 im Ariella Verlag. Mehr unter www.BenGershon.com.

Katharina Greve, geboren 1972 in Hamburg, lebt als Comic-Autorin, Cartoonistin und Künstlerin in Berlin. Neben Zeichnungen für *Titanic, taz, neues deutschland* u. a. veröffentlichte sie bisher sieben Bücher – zuletzt den Comic *Die letzten 23 Tage der Plüm.* Für ihre Arbeiten erhielt sie zahlreiche Preise und Auszeichnungen, z. B. den Max-und-Moritz-Preis für den Web-Comic *Das Hochhaus.* Mehr unter www.katharinagreve.de.

Markus Grolik, lebt und arbeitet in München als Illustrator, Comiczeichner und Autor für Verlage wie Carlsen, dtv-junior. Seine Cartoons erscheinen u. a. im *Nebelspalter, Eulenspiegel, Freiburger Nachrichten* und auf Onlineportalen wie msn und web.de. Mehr unter cartoongrolik.blogspot.de.

Sam Gross wurde 1933 geboren und verkaufte seinen ersten Cartoon mit 20 Jahren. Seitdem hat er viele weitere Cartoons verkauft und verfügt über eine Datei mit über 32.000 Zeichnungen. Er lebt in New York City.

Juna Grossmann, geboren 1976 in Berlin, hat Sonderpädagogik studiert und arbeitet seit vielen Jahren in Gedenkstätten und Museen. Seit 2008 betreibt sie ihren Blog *irgendwiejuedisch.com.* Mit Chajm Guski kann man sie unter *Anti&Semitisch* als Podcast hören. 2018 erschien ihr Buch *Schonzeit vorbei. Über das Leben mit dem täglichen Antisemitismus.*

Thomas Gsella war zwischen 1992 und 2005 Redakteur und bis 2008 Chefredakteur der Frankfurter Satirezeitschrift *Titanic.* Seine komische und satirische Lyrik (und Prosa) findet sich in zahlreichen Büchern und in Zeitungen wie *Titanic, taz, junge Welt, konkret, FAZ, Die Zeit* u. a. Wöchentliche Reimkolumnen erscheinen seit 2013 im *Stern* und seit 2016 im Schweizer *Magazin.* Für seine Gedichte erhielt er 2004 den Joachim-Ringelnatz-Nachwuchspreis und 2011 den Robert-Gernhardt-Preis.

Steffen Gumpert wurde in Höxter/Westfalen geboren, studierte Visuelle Kommunikation in Hildesheim und zog im Anschluss nach Berlin, wo er noch heute mit seiner Familie glücklich vor sich hin wohnt. Seine Schrippen verdient er als freier Illustrator, Autor, Cartoonist und Comiczeichner. Mehr unter www.steffengumpert.de.

Myriam Halberstam, Journalistin, Filmemacherin, Autorin. In New York geboren, in Deutschland aufgewachsen. Theaterstudium in New York, danach Arbeit in Film und Fernsehen in Israel. Postgraduiertendiplom an der KHM, Köln in Film- und Fernsehregie. 2010 gründete sie den Ariella Verlag, der 2020 mit dem Deutschen Verlagspreis ausgezeichnet wurde. Myriam Halberstam lebt mit ihrer Familie in Berlin.

Ruth Hebler, Jahrgang 1973, lebt und arbeitet im Herzen von Köln. Sie gewann 2014 heimlich den Kunstpreis Der freche Mario. 2018 erhielt sie den 2. Platz beim Salzburger Karikaturenpreis. Ihre Cartoons erschienen z. B. im *Stern*, *Eulenspiegel*, verschiedenen Tageszeitungen, Cartoonbüchern und Kalendern und sind regelmäßig in Ausstellungen zu sehen. Mehr unter www.RuthHebler.de.

Hauck & Bauer (Elias Hauck & Dominik Bauer) beide Jahrgang 1978, kennen sich bereits seit gemeinsamen Schultagen im unterfränkischen Alzenau. Seit 2003 regelmäßige, teilweise auch ganz witzige Veröffentlichungen in der *FAS*, *Titanic*, *Cicero*, bei Twitter und Instagram. Ihr aktuelles Buch *CARTOONS* ist bei Kunstmann erschienen. Mehr unter instagram.com/hauckundbauer.

Steffen Jahsnowski, 1952 säugling, dann schüler, lehrling, matrose, telegrammbote, student, trickfilmzeichner, bühnenbildner, layouter, cartoonist, fotograf, journalist, jetzt freischaffender pensionär. Lebt in Berlin.

Wladimir Kaminer ist 1990 aus Moskau nach Berlin gezogen, lebt und arbeitet hier als deutscher Schriftsteller, oder russischer deutschsprachiger Schriftsteller oder jüdischer Schriftsteller aus Russland. Privat bleibt er Jude und wird als »bekanntester Russe Deutschlands« in Talkshows eingeladen.

Vivian Kanner ist Schauspielerin und Sängerin. Mit Leidenschaft bringt sie die fast vergessene Tradition jiddischer Musik, Humor und Sprache sowie Lieder jüdischer Komponisten der 1920er/30er Jahre einem breiten Publikum nahe. 2019 erschien ihre CD *Lebenslieder*. Seit 2002 lebt sie in Berlin. Mehr unter www.viviankanner.com.

Dmitrij Kapitelman kam 1986 in Kiew zur Welt. Er studierte Politik in Leipzig und Journalimus in München. Er lebt und schreibt nun in Leipzig, Frankfurt und Berlin.

Petra Kaster, Comic, Cartoon, komische Kunst. Ihre Cartoons erscheinen u. a. in den *Badischen Neuen Nachrichten*, im *Nebelspalter*, *Eulenspiegel* und in der *Zitty*. Buchveröffentlichungen u. a. im Lappan, Fischer, Frech Verlag. Mehr unter www.petrakaster.de.

Matthias Kiefel, geboren in Berlin, über Osnabrück, Frankreich, Freiburg zurück nach Berlin. Industrial-Design-Studium in Berlin. Veröffentlichungen in *Zitty, tip, pardon, Eulenspiegel-Zeitschrift,* div. Tages- und Fachzeitschriften, *Börsenblatt des dt. Buchhandels.* 2008 erstes eigenes Cartoon-Buch *ich kopiere nur meine Kündigung.* Mehr unter www.kiefel-cartoon.de.

Yaakov Kirschen, geboren in Brooklyn, New York, hat als freiberuflicher amerikanischer Karikaturist Cartoons für eine Reihe bedeutender Zeitschriften verfasst. In den 1960er Jahren begann er, zionistische Cartoons für jüdische Studentenzeitungen zu erstellen. Nachdem er 1971 Aliyah gemacht hatte, also nach Israel eingewandert war, begann er mit der täglichen Dry-Bones-Kolumne für die *Jerusalem Post* und für internationale Presseverbände. Seit 1973 schreibt und zeichnet er ohne Unterbrechung jeden Tag einen seiner berühmten Dry-Bones-Cartoons. Mehr unter drybones.com.

Louis Lewitan, in Lyon geboren, ist Dipl.-Psychologe und Inhaber von LCC Lewitan Coaching & Consulting. Seine Expertisen liegen im Bereich Führung, Change und Stress-Management. Der Buchautor von *Stressless – Das Abc für mehr Gelassenheit in Job und Alltag* interviewt seit Jahren Persönlichkeiten für die Kolumne *Das war meine Rettung* im *Zeitmagazin.* Seine Beiträge werden u. a. in *Die Zeit, Handelsblatt, Jüdische Allgemeine* und auf Xing veröffentlicht.

Dirk Meissner, geboren 1964 in Aachen, lebt und arbeitet als freier Cartoonist in Köln. Nach einem Ökonomiestudium veröffentlicht er mehrere Cartoonbände mit dem Titel *Manager at work* und *Der letzte Leistungsträger.* Seit 2006 arbeitet er regelmäßig für die *Süddeutsche Zeitung. Sagen Sie jetzt nicht, das ist Kunst ...* heißt sein aktuelles Buch, erschienen im Schaltzeitverlag. Meissner wurde mehrfach ausgezeichnet, unter anderem mit dem 2. Preis beim Deutschen Karikaturenpreis 2009. Seit 2015 Mitglied der International Society for Humor Studies. Mehr unter: www.meissner-cartoons.com.

Til Mette, 1956 in Bielefeld geboren. Lebt mit Frau und Töchtern in Hamburg. Mehr unter www.tilmette.com.

Mock (Volker Kischkel), geb. in Lobberich, Niederrhein, Studium der Freien Kunst an der HBK Braunschweig. Veröffentlichungen u. a.: *Cicero, Stern, Spiegel online, patho, juris, Westzeit.* Mehr unter https://mock-cartoons.jimdo.com.

Alan Posener, 1949 in London geboren, ist freier Autor (*Welt, Zeit online, Jüdische Allgemeine, Guardian*) und betreibt das Blog *Starke Meinungen.* Posener hat als kommunistischer Kader, Lehrer, Übersetzer und Redakteur gearbeitet und veröffentlichte über 30 Bücher. Außerdem ist er stolzer Großvater und Sänger der Band Jumpin' Pete & Berlin All Stars.

Ellen Presser, 1954 in München geboren, Tochter polnisch-jüdischer DPs. Seit 1983 Leiterin des Kulturzentrums der Israelitischen Kultusgemeinde München. Arbeitet auch als freie Journalistin. Bücher u. a.: Olga Mannheimer & Ellen Presser (Hg.) *Nur wenn ich lache. Neue jüdische Geschichten* (dtv 2008).

Walter Rothschild, 1954 in England geboren, ist seit 1984 Rabbiner in mehreren Ländern einschließlich Deutschland, Österreich, und Polen. Er ist auch Dichter, Liedermacher, Historiker, Eisenbahnhistoriker und Kabarett-Artist. Er wohnt in Berlin.

Heiko Sakurai, 1971 in Recklinghausen geboren, studierte in Münster Germanistik/Politik/Geschichte (Magister-Examen) und arbeitet seit 1998 als freischaffender Karikaturist. Seit 2000 zeichnet er für die *WAZ,* später außerdem für die *Welt am Sonntag,* die *Berliner Zeitung,* den *Kölner Stadtanzeiger,* die *Schwäbische Zeitung,* die *Münchner tz* u. a. Er lebt mit seiner Familie in Köln. Mehr unter www.sakurai-cartoons.de.

Jan Tomaschoff, geboren 1951 in Prag, seit 1966 in Deutschland, lebt in Düsseldorf. Facharzt für Neurologie, Psychiatrie und Psychotherapie. Seit ca. 1970 Veröffentlichungen von Cartoons in verschiedenen Zeitungen und Zeitschriften, u. a. *Pardon, Eulenspiegel, Nebelspalter* (CH), *Rheinische Post, Spiegel, Süddeutsche Zeitung, Die Welt, Medical Tribune* etc. 2008 Best political Cartoon im R. Lurie Award der UNO. Jan Tomaschoff ist verheiratet und hat drei Kinder.

Michel Weinberg wurde 1959 in Belgien geboren und ist in Deutschland aufgewachsen. Nach seinem Studium der Betriebs- und Politikwissenschaften in Tel Aviv arbeitete er viele Jahre in der freien Wirtschaft. Seit 1995 ist er stellv. Geschäftsführer der Deutsch-Israelischen Industrie- und Handelskammer und seit 2010 auch stellv. Vorsitzender der Israelisch-Deutschen Gesellschaft (IDG). Er referiert gerne zu Themen der Wirtschaft, Gesellschaft und Politik Israels. Er lebt mit seiner Familie in Tel Aviv.

Michael Wuliger wurde 1951 in London geboren, wuchs in Wiesbaden auf und lebt heute in Berlin. Seine Kolumne *Wuligers Woche* erscheint in der *Jüdischen Allgemeinen*. Er ist Autor der Bücher *Der koschere Knigge* (2009) und *Koscher durch die Krisen* (2020).

Miriam Wurster arbeitet seit 2000 als freie Cartoonistin u. a. für *Titanic, neues deutschland, Nebelspalter, Charlie Hebdo, Stern, Weser-Kurier, taz*. Sie erhielt 2018 den 1. Preis bei der Rückblende, dem Karikaturenpreis vom Bund der Deutschen Zeitungsverleger. Miriam Wurster lebt in Bremen, ihre Cartoons denkt sie sich standesgemäß in einer ehemaligen Cartonagenfabrik aus. Mehr unter www.wurster-cartoon-blog.de.

Cartoons:

Texte:

Im Ariella Verlag bereits erschienen:

Ben Gershon
Jewy Louis, Schalömchen – witzige koschere Comics
60 Seiten, gebunden, Euro 12,95 (D), 2018
ISBN 978-3-945530-15-3

Der beliebte Comiczeichner Ben Gershon ist dem deutschsprachigen Publikum bereits aus der *Allgemeinen Jüdischen Wochenzeitung* bekannt, in der er eine wöchentliche Kolumne hat, sowie aus dem *Tachles Wochenmagazin* in der Schweiz.

Mit seinen Figuren, die orthodoxe Rabbiner, unwissende Juden sowie Andersgläubige liebevoll aufs Korn nehmen, hat er sich in die Herzen der Leser gezeichnet.

Auszeichnung durch den »Esel« des Monats November der Fachzeitschrift *Eselsohr*

»Jüdische Traditionen, erklärt und veräppelt, mit einer Mischung aus interkulturellen Konflikten, Missverständnissen und menschlichen Schwächen – das funktioniert auch für Gojim (hebräisch für Nichtjuden) gut.«

M. Römhild, *Süddeutsche Zeitung*

»... eine heitere Form, jüdische Tradition und jüdisches Denken Juden wie Nichtjuden näher zu bringen.«

E. Presser, *Neue Welt Wien*

»Ben Gershon braucht kaum mehr als drei oder vier treffend gezeichnete Panels (und eine sprachbewusste, pointierte Übersetzung) für seinen Bilderspaß. Da sitzt wirklich jede Pointe. Für alle, die sich im Judentum nicht ganz so gut auskennen, erklärt ein Glossar alles Wichtige.«

M. Schleicher, *Münchner Merkur*